AF202349

GENIAL EINFACH– EINFACH GENIAL

CLEVERE LIFEHACKS FÜR DEN

FAMILIEN-URLAUB

Mit Kind und Kegel in den Urlaub!

Im Familienurlaub entspannt zu bleiben, ist möglich – und mit diesen Lifehacks ganz einfach. Die kleinen Tricks in diesem Buch unterstützen schon bei der Reisevorbereitung und machen das Leben in vielen Alltagsmomenten ein bisschen leichter. Und das Beste daran: Die Reisehacks sind unkompliziert umzusetzen und kosten wenig bis gar nichts.

SO GELINGT DER PERFEKTE URLAUB FÜR GROSS UND KLEIN!

SCHLAFTRAINING

DIE UHR ist schnell umgestellt, der eigene Biorhythmus braucht hingegen etwas länger: Wer in ferne Länder fliegt, kann sich schon zu Hause vorbereiten und den Jetlag damit zumindest etwas abmildern.

GEGEN JETLAG

Für Flüge in **RICHTUNG OSTEN** geht es
abends eine Stunde früher ins Bett und
morgens eine Stunde früher aus den Federn.
Wer in **RICHTUNG WESTEN** fliegt, für den
verschiebt sich alles um eine Stunde nach
hinten. Mit dem Schlaftraining sollte man
mindestens eine Woche vorher beginnen,
damit sich alle daran gewöhnen können.
Erst mal angekommen, hilft viel
ZEIT IN DER SONNE, um möglichst
rasch im Alltag anzukommen.

Kamera-

ACHTUNG, KAMERAS BEREITHALTEN!

Fotos sind tolle Urlaubserinnerungen und lustige Schnappschüsse lassen sich jederzeit festhalten. Für Abwechslung in der Fotogalerie sorgt eine urlaubsübergreifende Challenge: Wer fotografiert die meisten Blumenarten oder Singvögel? Oder welcher Fotograf bekommt den Preis für das lustigste Urlaubsbild? Der Kreativität sind keine Grenzen gesetzt! Je mehr Foto-künstler mitmachen, desto verschiedenere

Abenteuer

Perspektiven kommen ins Spiel. Für kleine Foto-Fans ohne eigenes Smartphone eignen sich kostengünstige Einmalkameras aus der Drogerie oder spezielle Digitalkameras für Kinder, die sich einfach bedienen lassen.

PFLASTER
DRAUF!

Wer mit Krabbelkindern unterwegs ist, kennt das Problem: ungesicherte Steckdosen! Zum Glück gibt es die Reiseapotheke: Pflaster helfen dabei, die Ferienunterkunft sicher zu machen. Steckdosen einfach mit den Strips überkleben und vor der Abreise wieder entfernen. Wichtig: Dafür bitte klassische Produkte ohne bunte Farben verwenden, um keine zusätzliche Aufmerksamkeit zu erzeugen.

GUT GESICHERT

Es gibt doch nichts Spannenderes als unbekanntes Terrain! Damit Schubladen und Co. auch in der Ferienunterkunft vor kleinen Entdeckern gesichert sind, helfen Haar- oder Küchengummis: Einfach von Griff zu Griff spannen und damit unbefugtes Öffnen verhindern. Statt Gummis können auch Gürtel oder Schnürsenkel zum Einsatz kommen.

POOL
TO GO

So schön ist es am Meer, doch gerade
kleine Strandbesucher begegnen ihm
häufig mit viel Respekt. Damit der Badespaß
trotzdem nicht zu kurz kommt und alle
Familienmitglieder zufrieden sind, hilft ein
kleines Planschbecken im Gepäck:
Neben dem Liegeplatz aufgebaut,
können Minis nach Herzenslust planschen
und trotzdem das Wellenrauschen hören.
Den Pool gemeinsam mit Wassereimern
zu füllen, ist ab jetzt Punkt eins auf
der To-do-Liste am Strand.

KINDERLEICHTER HITZESCHUTZ

Hot, Hot, Hot: Stand das Auto den ganzen Tag in der Sonne, ist es im Inneren heiß wie in der Sauna. Damit kleine Fahrgäste sich nicht am aufgeheizten Kindersitz verletzten, hilft ein Turnaround: Einfach nach dem Parken Babyschale & Co. umgedreht auf dem Autositz abstellen. Weil die direkte Sonneneinstrahlung verhindert wird, wird es nicht ganz so heiß. Eine über den Kindersitz gelegte Decke oder ein Handtuch haben den gleichen Effekt.

Gepäck weg?

DAS GEPÄCKBAND
AM FLUGHAFEN IST LEER,

doch der eigene Koffer fehlt noch? Diesem
Szenario seinen Schrecken zu nehmen, ist
zum Glück ganz einfach. Wer einen fürs
Handgepäck passenden Koffer zum Familien-
gepäck erklärt und die wichtigsten Utensilien
darin verstaut, kann im Fall der Fälle für
wenige Nächte aus dem Gemeinschaftskoffer
leben. Hygieneartikel und Wechselwäsche
sorgen für ein gutes Körpergefühl, Reisespiele,

Keine Panik!

Bücher oder ein Rätselheft für die nötige Abwechslung, bis das verspätete Reisegepäck eintrifft. Ist ein zusätzlicher Koffer zu unpraktisch, findet die essenzielle Grundausstattung auch Platz im Rucksack oder einer Tasche.

NOTFALL-FEUER-HILFE

Alle Feueranzünder verbraucht und trotzdem Lust auf einen Abend am Lagerfeuer auf dem Campingplatz? Dann wartet im Federmäppchen der Kinder ein tolles Hilfsmittel, mit dem in Nullkommanichts ein Feuer entfacht werden kann. Die feinen Späne im Spitzer eignen sich perfekt als Anzünder. Und hin und wieder den Behälter auszuleeren, schadet ohnehin nicht …

Süßes vom Grill

Was darf nicht fehlen bei der Grillparty
am Lagerfeuer? Genau – Marshmallows!
Ein ganzer Schwung auf einmal wird fertig,
wenn man die kleinen Zuckerteile auf dem
Grillrost verteilt und nah ans Feuer legt.
So lassen sie sich zeitgleich grillen (dabei
regelmäßiges Wenden nicht vergessen!) –
und gemeinsam genießen. Geht natürlich
auch super, indem man einfach mehrere
Marshmallows hintereinander auf einen
Stock aufspießt und über dem Feuer röstet.

Reisespaß

OB ZUG, AUTO ODER FLUGZEUG:

Der Platz am Fenster ist immer heiß begehrt.
Dabei zuzusehen, wie die Landschaft
vorbeizieht, macht zunächst Spaß –
und wird dann doch irgendwann langweilig.
Zum Glück eignet sich die Fensterscheibe
nicht nur zum Durchschauen, sondern auch
als einzigartige Spielfläche. Es gibt
inzwischen eine große Auswahl an Stickern,
die sich einfach aufkleben und ohne
Rückstände wieder abziehen lassen.

nit Stickern

Kleine Reisende können damit unterwegs das Fenster dekorieren und fantasievolle Geschichten erfinden.

BERUHIGENDER
>>> DUFT <<<

Auf Reisen ist alles ganz anders als daheim:
In ungewohnter Umgebung abends zur Ruhe
zu kommen, kann für kleine (und große!)
Urlauber zur Herausforderung werden.
Was da hilft, ist der beruhigende und
bekannte Duft nach Heimat. Das Lieblings-
kissen, die Schnuffeldecke oder das
geliebte Kuscheltier dürfen auf keinen Fall
fehlen, wenn es auf große Fahrt geht. Denn
wenn sie am Ende eines aufregenden Urlaubs-
tages zwischen den Kissen warten, erinnert
ihr Geruch ans sichere Zuhause. Das
entspannt und sorgt für süße Träume.

>>> URLAUB

Egal, in welcher **REISEKONSTELLATION** man unterwegs ist: Es treffen stets unterschiedliche Vorstellungen aufeinander. In puncto **URLAUBSGESTALTUNG** einen gemeinsamen Nenner zu finden, kann manchmal ganz schön schwierig werden. Wie wäre es daher, wenn alle mal entscheiden dürfen? **EIN HARMONI- SCHES MITEINANDER** stellt sich nämlich

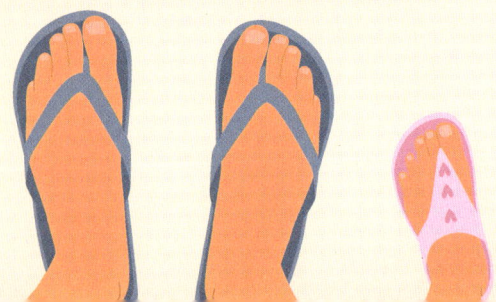

FÜR ALLE «

dann ein, wenn alle Reiseteilnehmer ihre
WÜNSCHE GLEICHBERECHTIGT behandelt
wissen. Und der vermeintlich langweilige
Stadtbummel am Vormittag lässt sich
um einiges besser ertragen, wenn man weiß,
dass es nachmittags an den Strand geht.
Eine solche **VEREINBARUNG** empfiehlt
sich übrigens auch beim Essen: Reihum wird
entschieden, was auf den Tisch kommt.

EMPFANG?

EGAL!

Tablet, Smartphone & Co. fungieren unterwegs oft als Medienstation und geben Lieblingsmusik, Hörbücher, Serien und Filme wieder. Damit auch für Unterhaltung gesorgt ist, wenn kein Internetzugang verfügbar ist, empfiehlt es sich, vorzusorgen und schon zu Hause ein Best-of herunterzuladen. So ist sichergestellt, dass es jederzeit Musik auf die Ohren und Spaß für die Augen gibt – solange der Akku hält.

SMART FÜRS PHONE

Unterwegs dient der Smartphone-Screen oft als Kinoleinwand: Damit alle gut sehen können, wird die Sonnenbrille zum Handy-halter umfunktioniert. Zusammengeklappt auf den Kopf gestellt, klemmt man das Gerät zwischen Bügeln und Gläsern ein und legt sie an geeignetem Platz ab. Fehlt nur noch Popcorn und das Kino-Feeling ist perfekt!

Safety first

Vertrauen ist gut – aber auf Notfälle vorbereitet zu sein, sorgt für Sicherheit. Während der Urlaubsplanung herauszufinden, wo sich Kinderärzte, Krankenhäuser oder Apotheken befinden, erleichtert im Fall der Fälle ein schnelles Handeln. Am besten wichtige Notfallnummern notieren und für alle zugänglich dabeihaben. Im Ausland kann es sinnvoll sein, nach Einrichtungen mit passenden Sprachkenntnissen zu suchen. Und dann verhält es sich mit der Liste hoffentlich so, wie mit einem Regenschirm: Hat man ihn dabei, lacht stets die Sonne vom Himmel!

IMMER IM BLICK

Zu Hause schlafen kleine Reisefreunde schon längst ohne Babyfon & Co.? Für die Zeit unterwegs lohnt es sich trotzdem, solche Geräte im Gepäck zu haben. Schließlich sind die räumlichen Voraussetzungen am Urlaubsort anders als gewohnt und eine unbekannte Umgebung kann anfangs schon mal für etwas Unruhe beim Schlafen sorgen. Per Babyfon in Verbindung zu bleiben, schafft ein Gefühl von Sicherheit – für beide Seiten. Übrigens lassen sich per App auch Smartphones zum Babyfon umrüsten – guter Tipp für diejenigen, die das herkömmliche Sender- und Empfänger-Gerät bereits ausgemustert haben.

DURCH DEN

GROSSSTADTDSCHUNGEL

STÄDTETRIPS sind langweilig für Kinder? Nicht mit einer Schnitzeljagd durch die Innenstadt. Inzwischen gibt es viele Angebote für Stadtrallye-Apps, mit denen es im eigenen Tempo und auf spielerische Weise durch die jeweilige Stadt geht. Mit unterhaltsamen Aufgaben, Fragen und Rätseln werden Sehenswürdigkeiten erkundet und wissenswerte Informationen vermittelt. Wer lieber offline unterwegs ist, findet in vielen Städten auch analoge Angebote, die man mitunter sogar schon im Vorfeld kaufen kann. Ein echter Spaß für die ganze Familie!

Wo ist hier

Die halten echt was aus – oder ab:
Je nach Bedarf können an Saugnapfhaken
am Autofenster Lieblingsspielsachen
wie Miniblock und Stifte griffbereit befestigt
werden oder auch ein Stoff, der die
Sonneneinstrahlung abhält. Sie sind
variabel einsetzbar, schnell angebracht
und genauso schnell wieder abgezogen.

EINE ECHTE EMPFEHLUNG
FÜR UNTERWEGS!

der Haken?

WEG DAMIT!

Ein benutztes Taschentuch, das Bonbonpapier oder der Inhalt einer Spitzerbox: Während der Fahrt sammeln sich allerhand Dinge an, die entsorgt werden wollen. Im Auto einen kleinen Mülleimer an einer gut erreichbaren Stelle zu installieren, verhindert Dreck und Chaos. Wer mit Bus, Bahn oder Flugzeug reist, kann eine Tüte außen am Reisegepäck befestigen, Abfälle darin sammeln und bei passender Gelegenheit in den nächsten Abfalleimer werfen.

Puderzauber

Der Klassiker am Strand: Die kleinen und großen Badenixen sehen aus, wie mit Sand paniert! Weil das Säubern mit dem Handtuch meist unangenehm reibt und ohnehin nur mäßig klappt, hilft ein Griff in die Wickeltasche. Mit Babypuder rieseln die Sandkörner wunderbar sanft zurück auf den Boden. Verteilen, kurz trocknen lassen und einfach abklopfen.

CLEVER
GEGEN WESPEN

Wenn die schwarz-gelben Insekten im Anflug sind, heißt es vorsichtig sein. Ein Wespen-stich kann heikel werden, besonders im Mund- und Rachenbereich. Dabei ist ein Wespenschutz für Getränke ganz schnell gemacht, wenn man die Backschublade plündert: Umgedrehte Muffinförmchen passen perfekt auf Gläser und Flaschen und halten Insekten davon ab, hineinzufliegen. Wer will, sticht ein kleines Loch in die Mitte und schiebt einen Strohhalm hindurch. Dann muss der Schutz nicht einmal abgenommen werden, wenn man trinkt.

SNACKS
FÜR ZWISCHENDURCH

An heißen Sommertagen extrem wichtig: eine ausreichende Flüssigkeitsversorgung! Eine gute Alternative zur Trinkflasche und beliebt bei kleinen und großen Menschen ist die Wassermelone. Ihr hoher Wasseranteil macht sie zum idealen Snack für zwischendurch. Besonders leicht lässt sich die süße Frucht genießen, wenn man sie statt in Scheiben in schmale Sticks schneidet. Gut für kleine Kinderhände – und wirksam gegen tropfenden Fruchtsaft. So wird das Familienpicknick extra süß!

INDIVIDUELL

AM BAHNHOF, im Freizeitpark oder in der Fußgängerzone wuselt es nicht selten vor vielen Menschen – da kann es schnell unübersichtlich werden. Damit man **KLEINE REISENDE** auch im Getümmel gut im Blick behalten kann, lohnt es sich, zum bunten Hund zu werden: **JE FARBEN-FROHER** die Kleidung, desto leichter stechen die Kinder heraus. Wer außerdem noch ein Käppi aufsetzt oder Haarschmuck trägt, macht sich die Welt **ZUM LAUFSTEG.**

GESTYLT <<<

AUCH HILFREICH: Um die eigene Sichtbarkeit zu erhöhen, hilft ein Fähnchen oder eine Lichterkette am Buggy. So finden Kinder leichter zum eigenen Gefährt zurück.

Smarter Schmuck

Ein super Lifehack für alle, die gerne basteln: Damit kleine Ausreißer im Notfall zu Hause anrufen können, wird die Telefonnummer zum schicken Modeaccessoire. Auf ein Armband aufgefädelt ist sie immer mit dabei und trotzdem nicht sofort zu erkennen. Wer Stoff bevorzugt, schreibt die Nummer mit wasserfestem Stift auf die Innenseite.

ANKUNFT BEI TAGESLICHT

Endlich am Ziel! Das Ankommen am Ferienort wird für neugierige Entdecker besonders schön, wenn es im Hellen stattfindet: Dann steht einer ersten Erkundungstour nichts mehr im Wege und man kann sich schnell einen Eindruck von der neuen Umgebung verschaffen. Gerade bei Zelt- und Campingplätzen kann es hilfreich sein, alles auf sich wirken zu lassen und ohne Zeitdruck zu entscheiden, ob man sich wohl und sicher fühlt – um im Zweifel einfach noch eine Station weiter fahren zu können.

Magische

Wenn es auf Reisen ruckelt und zuckelt,
wird es schwierig mit dem Brettspiel.
Abhilfe schafft ein Naturphänomen! Denn
alles bleibt an seinem Platz, wenn man auf
magnetische Varianten zurückgreift.
Für kleine Reisende wird eine Blechdose
zum DIY-Reisespiel: Kühlschrankmagneten
bleiben daran haften und können nach
Herzenslust hin und her geschoben werden.
Wer nicht auf das klassische Brettspiel
verzichten will, wird natürlich auch fündig.
Entsprechende magnetische Produkte

Magnetismus

gibt es in der Spielwarenabteilung zu kaufen.
So wird unterwegs „Mensch ärgere dich nicht"
oder Mühle gezockt, ohne Angst haben
zu müssen, dass man einzelne Figuren bei
Schlaglöchern oder Turbulenzen verliert.

SITZT, WACKELT UND HAT LUFT!

ALLROUNDER
>>> FÜR ALLE FÄLLE <<<

Was ist leicht, platzsparend und unglaublich vielfältig einsetzbar? Genau: Plastikbeutel mit Zip-Verschluss. Kleine Snacks wie Obst oder Kekse lassen sich darin hygienisch verpacken, kleinteilige Mal-, Bastel- oder Spielsachen sind bestens aufgeräumt und Wechselwäsche bleibt sauber und frisch. Füllt man den Beutel mit kaltem Wasser, wird er im Nullkommanichts zum Kühlpack. Gut zu wissen: Zip-Beutel sind in verschiedenen Größen erhältlich, so ist für jede Situation ein passender Helfer dabei.

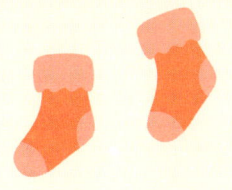

KOMPAKTES
NOTFALLSET

In manchem Moment hilft einfach alles nichts:
Ein kompletter Outfit-Wechsel ist nötig.
Wie praktisch, dass sich ein vollständiges
Notfall-Kleiderset platzsparend mitnehmen
lässt, wenn man es clever zusammenpackt.
Dafür alle benötigten Kleiderstücke,
also zum Beispiel Langarmshirt, Stoffhose
und Body, übereinanderlegen und zusammen-
rollen. Die Enden jeweils in einen Socken
stecken, fertig ist die Notfall-Rolle!

DURSTLÖSCHER

Die Bestimmungen am Flughafen sind streng und erlauben keine Ausnahmen: Behältnisse mit Flüssigkeit werden an der Sicherheitskontrolle gnadenlos aussortiert – aber Fläschchen ohne Inhalt dürfen mit. Wer also darauf verzichten will, teure Getränke im Wartebereich zu kaufen, nimmt einfach leere Trinkflaschen im Handgepäck mit und füllt sie vor dem Abflug mit Leitungswasser auf. Das ist nachhaltig, kostengünstig und entspannt!

Gut abgetropft!

Im Sommer schmilzt Eis am Stiel manchmal schneller, als man schlecken kann. Damit nichts heruntertropft, kommen Muffinförmchen ins Spiel: In die Mitte ein Loch geritzt und von unten über den Eisstiel geschoben, sind sie das perfekte Auffangbecken für tropfende Eiscreme und die Kleidung bleibt verschont. Klappt auch mit anderen Alternativen aus Papier!

STOLPERFALLEN

WER SCHON EINMAL GEZELTET HAT, KENNT DAS: Zeltschnüre sind echte Stolperfallen. Weil sie sich für kleine Menschen auf gefährlicher Höhe befinden, bekommen sie passenden Schutz verpasst. Dafür Schwimmnudeln auf die geeignete Länge zuschneiden, längs einritzen und über die Schnüre schieben. So sind sie gut zu sehen, angenehm gepolstert – und auf dem Zeltplatz wird es fröhlich bunt. Alternativ können die Seile auch mit bunten Tüchern umwickelt werden oder man befestigt eine Outdoor-Lichterkette daran.

>>> STREICHELZART <<<
GESCHÜTZT

Sonnencreme zu benutzen ist wichtig –
aber das Auftragen kann bei sensiblen
Sonnenanbetern zur echten Herausforderung
werden. Sanft wie ein Streicheln wird es,
wenn man ein bisschen Sonnencreme
auf einen weichen Gesichtspinsel aufträgt
und sie vorsichtig auf unbedeckten Hautstellen
verstreicht. So macht sogar das Nachcremen
Spaß. Eine Kopfbedeckung sollte
aber natürlich trotz erfolgreicher Creme-
Challenge nicht fehlen.

READY FOR

TAKE-OFF

DER KLASSIKER unter den Tipps für die Flugreise: Kleinen Flugpassagieren gelingt der Druckausgleich, wenn sie bei Start und Landung etwas trinken. Das hilft, den **DRUCK IN DEN OHREN** an die äußeren Druckverhältnisse anzupassen. Während Stillkinder angelegt werden, können große Kinder auch Kaugummi kauen.

GUT ZU WISSEN: Kauen lenkt übrigens auch in anderen Verkehrsmitteln wie Auto, Bus und Bahn von der Aufregung ab und **BEUGT REISEÜBELKEIT VOR.**

Erste Hilfe bei Schnupfennasen an Bord

Wenn es auf der Rückbank schnieft und schnupft, hilft eine kleine Bastelarbeit: Einfach eine volle und eine leere Taschentuchbox mit buntem Klebeband aneinanderkleben und am Vordersitz befestigen. So ist immer ein Tuch zum Schnäuzen griffbereit – und Gebrauchtes landet nebenan.

SANDSTOPPER AM STRAND

Sand ist toll – aber nicht überall!
Wer Sandkörner von der Spieldecke fernhalten
will, breitet am Strand ein Spannbetttuch aus:
Vier große Gegenstände in die Ecken
stellen und den Gummizug darüberziehen.
So entsteht eine Stoffbarriere, die den
Sand am Eindringen hindert – und
die Kleinsten am Davonkrabbeln.

Mal wieder im

PERFEKTE GELEGENHEIT für eine Runde Kennzeichenbingo! Alle, die mitmachen, schreiben ein Wort auf – immer mit gleich vielen Buchstaben. Der Spielleiter liest die mittleren Buchstaben von Autokennzeichen vor, die vom eigenen Auto aus zu sehen sind, und ruft sie in die Runde. Ist der Buchstabe im eigenen Wort enthalten, wird angekreuzt. Sobald das Wort komplett ist, heißt es BINGO! Keine Lust auf Buchstabensalat? Wie wäre es stattdessen mit einer Runde „Wer bin ich?", „Ich sehe was, was du nicht siehst" oder „Ich packe meinen Koffer"?

Stau gefangen?

DIEBSTAHLSICHERUNG FÜR UNTERWEGS

Wer sichergehen will, dass Geldbeutel, Autoschlüssel & Co. auch am Strand vor fremdem Zugriff geschützt sind, braucht nur eine frische Windel und etwas Sand. Die Wertsachen in die Windel einwickeln, diese verschließen und ein paar Mal im Sand hin und her rollen. So sieht sie aus, wie benutzt – da will bestimmt niemand hineinschauen!

Keine Windel übrig? Wertsachen finden auch zwischen Taschentüchern, in einer Feuchttücherbox oder in einer ausgespülten Sonnencremeflasche ein sicheres Versteck.

URLAUBSFEELING

WIE VIELE STERNLEIN STEHEN AM HIMMELSZELT? Mit diesem Tipp holt man sich eine Prise Urlaubsfeeling ins eigene Zuhause, ganz ohne große Reise. Dafür einfach im heimischen Garten, auf dem Balkon oder in einem nahen Park das trockene Planschbecken zur Familien-Launch-Area umfunktionieren. Mit Decken und Kissen gepolstert ist es gemütlich wie auf dem Sofa, und der gepolsterte Rand ist die perfekte Kopfstütze für lange Blicke in den Himmel. Fehlen nur noch viele, viele Sternschnuppen, die Wünsche wahr werden lassen!

FÜR ZU HAUSE

>>> **ABWASCH**

DAS BISSCHEN HAUSHALT ...

Diskussionen um den Abwasch werden im Urlaub einfach weggespielt: Der Verlierer spült, der Gewinner darf zuschauen. Wer die **SPORTLICHE HERAUSFORDERUNG** sucht, trägt ein Volleyball-Match auf dem Campingplatz aus oder duelliert sich beim Badminton. Weniger schweißtreibend, aber **GENAU SO SPANNEND** geht es bei einer Runde Mensch-ärgere-dich-nicht zu. Auch Kartenspiele oder Schätzfragen eignen sich hervorragend, um den Abwasch-

DUELL «««

verantwortlichen zu küren. **MUSS ES MAL SCHNELL GEHEN,** entscheidet eine Runde Schnick-Schnack-Schnuck.

Do-it-yourself Outdoordusche

Eine große Wasserflasche aus Plastik wird zur selbst gemachten Outdoor-Dusche, wenn man ins untere Drittel einige Löcher sticht und anschließend Wasser einfüllt. In passender Höhe aufgehängt, lässt sich darunter duschen, planschen und spielen. Für eine schnelle Erfrischung zwischendurch eignet sich eine mit Wasser gefüllte Sprühflasche, die an einem Ast baumelt: Ein paar Spritzer auf Gesicht und Körper sorgen schnell für herrliche Abkühlung.

DER NATUR AUF DER SPUR

Wenn im Urlaub viel Draußenzeit ansteht, ist es Zeit, zusammen mit den kleinen Weltentdeckern die Umgebung ringsherum zu erkunden und herauszufinden, was uns die Natur alles schenkt. Wachsen beispielsweise am Wegesrand duftender Lavendel, erfrischende Minze oder andere Kräuter, kann man sich ein paar Zweige mitnehmen, sie anschließend waschen und gemeinsam einen wohltuenden Tee daraus machen. Auch aus Naturmaterialien wie Steinen, Stöcken oder Sand können tolle und kreative Kunstwerke entstehen. Wie wäre es zum Beispiel mit einem Natur-Mosaik? So wird die Zeit draußen für alle zum großen Abenteuer!

MAGISCHE SCHATTENWELTEN

Die Sonne ist bereits untergegangen und die Nacht legt sich über die Welt? Mit dem Smartphone-Licht oder einer Taschenlampe wird die dunkle Umgebung zur Leinwand für wilde Tiere und erfundene Wesen – der Fantasie sind dabei keine Grenzen gesetzt. Geschickte Handstellungen zaubern Figuren wie Wolf, Hirsch und Papagei in die nächtliche Szenerie, die aufregende Abenteuer erleben und sich Geschichten erzählen. Egal, ob Campingplatz, Hotelzimmer oder Wohnmobil: Dieses Heimkino ist garantiert für die ganze Familie ein großer Spaß und kann in jedem Urlaub umgesetzt werden. Und nicht vergessen: Übung macht den Meister!

ENTDECKUNGSTOUR

AUF NEUEM TERRAIN

DIE UMGEBUNG auf Zelt- und Campingplatz zu erforschen, ist für kleine Abenteurer besonders spannend. Damit unbekanntes Terrain möglichst schnell zum sicheren Umfeld wird, lohnt sich eine gemeinsame Erkundungstour. Markantes in der Umgebung lässt sich bestens zusammen entdecken und als Wegmarkierung abspeichern. Schilder, Gebäude, Bäume – alles kann ein Anhaltspunkt sein. Je besser sich kleine Urlauber in der näheren Umgebung auskennen, desto geringer ist die Gefahr, dass sie sich ungewollt verlaufen.

Wertvolle

WER UNTERWEGS IST, ERLEBT SO EINIGES!

Damit all die schönen Glücksmomente lange in Erinnerung bleiben, wandern sie ins Urlaubstagebuch. Lasst eurer Kreativität dabei freien Lauf! Ob eingeklebte Eintritts- karten vom Sightseeing, gepresste Blumen von der Wanderung oder kurze Stichpunkte zu Tagesaktivitäten: Hinein darf alles, was gefällt und später beim Anschauen wieder Urlaubsstimmung aufkommen lässt. Verfasst man als Familie ein Tagebuch,

Erinnerung

kann das gemeinsame Ausfüllen zur willkommenen Abend-Routine werden. Will jedes Kind ein eigenes Heft mit Erinnerungen befüllen, wird zusätzlich auch noch ganz spielerisch das Schreiben geübt.

GUTER
KLEBER

Wenn der Klebstoff ausgeht, ist die Bastelstunde schnell beendet. Ein Glück, dass es Zahnpasta gibt: Wenn sie trocknet, hält Papier auf Papier. So lässt sich das Fotoalbum oder Tagebuch unterwegs auch ohne Uhu befüllen. Eine sparsame Verwendung reicht – damit bleibt noch genug für die Zähne übrig.

OUTDOOR-WASCHSTATION

Wer viel draußen spielt, macht sich die Hände schmutzig. Damit sie auch immer wieder sauber werden, geht es regelmäßig an der Outdoor-Waschstation vorbei. Dafür wandert ein Stück Seife in einen Nylonstrumpf, der an einen Ast geknotet wird. Darunter ein Eimer mit Wasser und schon lassen sich die Hände waschen.

MIT WEITBLICK

„MIR WIRD SCHLECHT!" Diesen Satz kennen so manche Eltern. Kleine Urlauber leiden häufig unter Reiseübelkeit. Die gute Nachricht ist, dass die sogenannte **BEWEGUNGSKRANKHEIT** zwar extrem unangenehm, aber in den allermeisten Fällen unbedenklich ist. Das Gehirn ist ganz einfach überrascht, weil sich zwar der Körper bewegt, nicht aber die Umgebung (zum Beispiel der Innenraum des Autos). Typische Reaktionen darauf sind Kopfschmerzen und Übelkeit. Der **BLICK IN DIE FERNE** beugt vor: Der Mittelsitz auf der Autorückbank mit freier Sicht nach vorne ist für kleine Mitfahrer am besten geeignet.

Gemeinsam **AUS DEM FENSTER ZU SCHAUEN** und weit entfernte Objekte wie Windräder oder Berge zu bestaunen, sorgt für Balance und lenkt gleichzeitig ab. Spucktüten und Wechselkleidung sollten trotzdem griffbereit an Bord sein – **FÜR ALLE FÄLLE.**

GUT
AUFGESTELLT

Unterwegs ist es oft so eine Sache mit
der Hygiene. Um Zahnbürsten vor Kontakt mit
weniger sauberen Oberflächen zu schützen,
kommen Wäscheklammern ins Spiel:
Wer die Klammer an der Bürste befestigt,
kann sein Zahnputzgerät schräg hingestellt
trocknen lassen. Dafür die Wäscheklammer
mittig an der Zahnbürste festklemmen
und so aufstellen, dass sie auf beiden Enden
der Wäscheklammer und ihrem Griff steht –
wie ein Dreieck sieht das aus. Der Bürstenkopf
bleibt dabei nach unten gedreht, damit
das Wasser abtropfen kann.

HOCH ÜBER DE[N]

IM FLUGZEUG brauchen auch kleine Passagiere ihren Platz – vor allem dann, wenn sie müde werden. Wenn Kinder unter zwei Jahren gratis mitfliegen, verbringen sie die Reise bei ihrer Begleitperson auf dem Schoß. Viele Airlines bieten aber Babybettchen, sogenannte Bassinets an, die normalerweise an der Wand zwischen Economy Class und Business Class eingehängt werden. Sie bieten Platz zum Liegen, Schlafen und Spielen. Allerdings sind sie vor allem bei Langstreckenflügen heiß begehrt, weshalb man unbedingt vorab mit der Fluggesellschaft Kontakt aufnehmen und das Bettchen reservieren sollte.

WOLKEN SCHLAFEN

GEMÜTLICH KUSCHELN

So viel Platz: Für kleine Schmusekatzen
kann sich ein ungewohntes Bett ganz
schön riesig anfühlen. Damit es auch unterwegs gemütlich wird, sorgen Schwimmnudeln für den richtigen Rahmen. Einfach
unter das Bettlaken geschoben wird die
Liegefläche so zum kuscheligen Nest, in
dem sich von großen Abenteuern träumen
lässt. Wer keine Poolnudel zur Hand hat,
rollt ein großes Badetuch zu einer festen
Rolle auf und nutzt stattdessen diese.

Versorgungsboot für Wasserratten

Im Wasser lässt es sich stundenlang aushalten: Für wen das wortwörtlich gilt, kann sich aus einer Schwimmnudel, einer Plastikbox und einem Seil ein eigenes Versorgungsboot bauen. Die Schwimmnudel in vier passende Teile schneiden, längs einritzen, an den Rändern der Plastikbox befestigen und das Seil als Zugschnur festknoten. Utensilien wie Trinkflasche, Snacks und Sonnencreme in der Box verstauen, das Boot zu Wasser lassen und ab damit! Ahoi!

SCHATZSUCHE

WO LIEGT DER SCHATZ VERBORGEN?

Geocaching ist eine moderne Form der **SCHNITZELJAGD** und funktioniert mit GPS-Daten. Mitmachen können alle, die ein internetfähiges Endgerät dabeihaben und vorab eine geeignete Route heraussuchen: In Onlineforen finden sich **WELTWEIT TOUREN** in unterschiedlichen Schwierigkeitslevels. Abseits gewohnter Wege geht es von Wegpunkt zu Wegpunkt **DURCH STADT ODER NATUR.** Am Ende wartet eine kleine Überraschung, die vor allem kleine Schatzsucher motiviert. Gängige Praxis

MIT GPS-DATEN

ist es, eine Kleinigkeit aus der **SCHATZKISTE** herauszunehmen und für den Nächsten etwas hineinzulegen. Wie wäre es mit einem besonders schönen Stein oder etwas Gebasteltem?

PERSÖNLICHE NOTE
>>> FÜRS GEPÄCK <<<

Ist das meiner? Gerade bei schwarzen Standardkoffern könnte diese Frage an der Gepäckausgabe öfter fallen. Wie wäre es deshalb mit ein bisschen Farbe? Ein buntes Geschenkband am Griff, ein glitzernder Aufkleber oder ein gut befestigter Anhänger sind ein echter Blickfang auf dem Förderband. Gemeinsam Markierungen für die Koffer zu gestalten, ist ein schönes Bastelprojekt und steigert die Vorfreude. Geflochten, geknotet oder geklebt – wichtig ist nur, dass am Ende alles gut hält und schön auffällig ist! Wer wird das Gepäck am Reisetag wohl zuerst entdecken?

Kleine Freude

SO EINE REISE IN DEN URLAUB kann sich ganz schön ziehen! Um die Stimmung im Fahrzeug hochzuhalten, wandert positive Motivation bereits im Vorfeld ins Gepäck: Wer kleine Überraschungstüten vorbereitet, kann sie nach einer bestimmten Anzahl gefahrener Kilometer (zum Beispiel jeweils nach 50 oder 100) ins Spiel bringen. Während auf der Rückbank ein kleines Spielzeug, eine Süßigkeit oder ein gesunder Snack zum Vorschein kommt, ist man dem Ziel schon wieder ein kleines bisschen näher. Dafür die

uf großer Fahrt

heimische Spielzeugkiste durchsuchen nach versteckten Schätzen, die möglicherweise schon in Vergessenheit geraten sind. So bekommen die Spielsachen neue Aufmerksamkeit und der Geldbeutel wird geschont.

POST-IT-COUNTDOWN

Wie lange dauert's noch? Die Antwort auf diese Frage ist für den Nachwuchs ohne Bezug zur Zeit „Schall & Rauch". Die Reisezeit visuell darzustellen, macht das Einschätzen leichter. Das Autofenster wird dazu zur Zeitanzeige, auf der die Gesamtreisezeit in Post-its dargestellt ist. Dauert es zum Beispiel eine Stunde bis zum Ziel, kleben drei bunte Zettel in erreichbarer Nähe des kleinen Passagiers, wobei in diesem Beispiel ein Post-it 20 Minuten entspricht. Sind diese vorbei, darf der Mini-Fahrgast einen Klebezettel abziehen. So kann der Countdown runtergezählt werden, bis man eeeendlich am Ziel ankommt!

Parkplatz-Olympiade

Auf langen Autofahrten sind Pausen natürlich Pflicht! Ab jetzt werden sie aber nicht mehr nur als Pipi-Stopp genutzt, sondern auch zum Auspowern für die Kleinen. Viele Parkplätze oder Raststätten bieten im hinteren Bereich einen Grünstreifen oder ähnliches, auf dem man toben und überschüssige Energie loswerden kann. Wie wäre es mit einem Wettrennen? Wer kann am höchsten springen? Und wer schafft es, rückwärts zu hüpfen?

LEICHTES GEPÄCK

GROSSER SPASS

DRACHEN STEIGEN LASSEN GEHT NUR IM HERBST?

Nicht, wenn man auf Reisen ist: An Stränden oder im Gebirge bläst der Wind auch bei sommerlichen Temperaturen recht häufig, sodass bunte Flugobjekte am Himmel tanzen können. Kleine Drachenflieger freuen sich, wenn sie die Schnur halten dürfen, und Große können sich mit speziellen Lenkdrachen an kunstvollen Tricks versuchen. Und weil die Drachen so wenig Gewicht mitbringen, dürfen sie selbst bei maximaler Kofferraumauslastung mit ins Gepäck.

DER REGEN
>>> KANN UNS MAL! <<<

Regenwetter im Urlaub? Kein Grund für
schlechte Laune: Mit der richtigen Einstellung
werden trübe Tage unterwegs zu ganz
besonderen Erlebnissen. Viele Städte
haben tolle Angebote für Familien –
von kindgerechten Stadtführungen über
Mitmach-Ausstellungen bis hin zu
Indoor-Spielplätzen. Und wer seinen Urlaub
in der Natur verbringt, hat jetzt die
Gelegenheit, seine wetterfeste Kleidung
auszupacken und sich trotz schlechter
Witterung nach draußen zu wagen.

LAGERFEUER-
POPCORN

Was poppt denn da so köstlich? Auf Outdoor-
Touren gelingt Popcorn auch über dem
Lagerfeuer. Dafür Maiskörner auf einem großen
Stück Alufolie mit etwas Öl begießen, die
Enden der Folie locker nach oben falten und
an einem langen Stock befestigen. Damit
das fertige Popcorn beim Ploppen nicht ins
Feuer fällt, die Alufolien-Konstruktion noch
mit einem zusätzlichen Stück und viel Luft
nach oben hin verschließen. Den selbst
gebastelten Popcornkorb übers Feuer halten
und nach ein paar Minuten geht es ab.
Danach je nach Geschmack mit Zucker, Salz
oder Kräutern verfeinern.

>>> WILLKOMMEN

Jeder Urlaub endet mit dem **NACH-HAUSE-KOMMEN:** Nun heißt es erst mal, den Reisestaub aus den Kleidern schütteln und die Heimreise verdauen – diese verursacht nämlich in den meisten Fällen einen **BÄRENHUNGER.** Damit beim Anblick des leeren Kühlschranks nicht gleich die ganze Urlaubsentspannung dahin ist, lohnt es sich vorzusorgen und bereits vor der Abfahrt an die Rückkehr zu denken: Wer **SUPPE, EINTOPF & CO.** aus dem Tief-kühlfach holen und im Handumdrehen auftauen kann, den heißt bald ein köstlicher Duft aus der Küche willkommen. Statt vorkochen geht

ZURÜCK! «

natürlich auch **MITNEHMEN:** Unterwegs einfach regionale Leckereien einkaufen und zu Hause bei einer Brotzeit das Urlaubsgefühl noch etwas verlängern! Gut gesättigt und frisch gestärkt, verliert auch der größte Berg dreckiger Urlaubswäsche seinen Schrecken …

Sandfreie Snacks

Zeit fürs Picknick, aber die Hände sind voll mit Sand? Ein kleiner Eimer mit Wasser neben dem Liegeplatz wird zur nahe gelegenen Waschstation am Strand. Das minimiert die Gefahr, dass die Hände gleich wieder schmutzig werden – und steht auch bereit, wenn spontaner Eishunger aufkommt.

GENERALPROBEN GEGEN AUFREGUNG

Steht bald ein Camping-Trip mit der ganzen Familie an, lohnt es sich, etwas Zeit in die Vorbereitung zu stecken. Gerade für kleine Outdoor-Anfänger kann das die Vorfreude noch zusätzliche steigern. So wird das eigene Zelt schon mal im Garten oder im Wohnzimmer aufgestellt, um probezuliegen und sich mit der neuen Behausung vertraut zu machen. Auch die Ausrüstung will vorher ausreichend getestet werden. Gaskocher & Co. werden dafür zusammen mit vorbereitetem Pfannenbrotteig einfach beim nächsten langen Spaziergang mitgenommen. So kommt schon zu Hause Urlaubsfeeling auf!

Spielend

Gerade für kleine Kinder kann das eine ganz neue Erfahrung sein, die neugierig macht und den Lerneifer weckt. Eine tolle Möglichkeit, um spielerisch an eine Fremdsprache heranzuführen, sind spezielle Bilderwörterbücher für Kinder. Sie sind in vielen verschiedenen Sprachen erhältlich und vermitteln auf kindgerechte Weise einen alltagstauglichen Wortschatz. Fällt das Lernen beim Hören leichter als beim Lesen, helfen Kinderlieder in der Landessprache.

Neues lernen

Auf gängigen Streamingplattformen finden sich viele Klassiker und moderne Kinderhits in unterschiedlichen Sprachen: Wer sich die Fahrtzeit mit Singen vertreibt, kommt bestens vorbereitet am Urlaubsort an. Und das Beste: Auch bei den Eltern wird dabei das ein oder andere neue Wort hängen bleiben.

WEGWEISER
SELBST GEMACHT

Wo geht's nach Hause? Wer mit Kindern in der Natur unterwegs ist, kann auf spielerische Weise den Orientierungssinn trainieren. Kleine Markierungen wie ein an einen Ast gebundenes Stoffband, ein Pfeil aus Ästen oder ein kleiner Turm aus Steinen zeigen an, aus welcher Richtung man gekommen ist – und auf welchem Weg es zurück zum Ausgangspunkt geht. Dass mitgebrachte Hinweise wieder zurück in den Rucksack wandern, versteht sich von selbst.

Durch das Alphabet

Falls die Fahrt mal wieder länger dauert, vertreibt eine Runde „Von A bis Z" die Langeweile. Alle Mitspieler überlegen sich zusammen eine Kategorie für dieses Spiel, zum Beispiel „Tiere". Eine Person beginnt und sagt ein dazu passendes Wort mit dem Buchstaben A: „Affe". Der Nächste ist nun mit B an der Reihe und so geht es durch das ganze Alphabet. Wem kein Begriff mehr einfällt, verliert das Spiel. Leichter wird es, wenn man schwierige Buchstaben wie Q, X und Y ausklammert. Kategorien wie „Gegenstände im Auto" oder „Länder" fordern auch die Größeren heraus.

ABENTEUER AHOI!

Reisen bedeutet auch immer, Neues zu entdecken! An vielen Urlaubsorten lassen sich Dinge erleben, für die es zu Hause keine Möglichkeiten gibt. Mutige kleine Urlauber können am Meer Surfen lernen, in den Bergen Ski oder Snowboard fahren oder beim Kinderprogramm am Campingplatz teilnehmen. Für Kinder ein tolles Urlaubserlebnis – und für Erwachsene eine schöne Gelegenheit, eine kleine Auszeit zu genießen. Wer sich vorab informiert, kann direkt die passenden Orte für die gewünschten Aktivitäten ansteuern.

>>> ZUSAMMEN IST

DASS ELTERN trotz Urlaub kaum Pausen oder Zeit für sich haben, kann auf Dauer zu Konflikten und Spannungen führen. Kein Wunder, wenn man permanent Ansprechperson Nummer 1 ist. Wie wäre es daher, in einer **GRÖSSEREN GRUPPE** in den Urlaub zu fahren? Befreundete Familien mit gleichaltrigen Kindern, kinderlose Bekannte oder die Großeltern – wer die Reisegruppe etwas vergrößert, kann sich bei der Betreuung auch **MAL ABWECHSELN** und so kurz selbst entspannen. Während die Kinder bespaßt oder beaufsichtigt werden, ist so vielleicht sogar ein **CANDLE-LIGHT-DINNER** zu zweit möglich. Doch nicht nur für die

KURZEN AUSZEITEN lohnt sich ein Urlaub in größerer Runde: Stimmt die Dynamik, haben alle Beteiligten zusammen **EINE TOLLE ZEIT** und bereichern sich gegenseitig. Dafür vorher unbedingt absprechen, wie der Aufenthalt aussehen soll, sodass am Ende alle auf ihre Kosten kommen und zufrieden sind.

**Wir von GROH wollen die Welt
ein bisschen verschönern – mit liebevollen
Geschenken, die glücklich machen.**

GROH.DE

@die_geschenkverlage

Idee und Konzept: GROH Verlag. Das Werk einschließlich seiner Teile ist urheberrechtlich geschützt. Jede Verwertung außerhalb der engen Grenzen des Urheberrechtsgesetzes ist ohne Zustimmung des Verlages unzulässig und strafbar. Das gilt insbesondere für Kopien, Einspeicherung und Verarbeitung in elektronischen Systemen. Die Nutzung unserer Werke für Texte und Data Mining im Sinne von § 44b UrhG behalten wir uns explizit vor.

Text: Katinka Holupirek

Bildnachweis Cover & Innenteil: Mykola Syvak/stock.adobe.com; spirka.art/stock.adobe.com; Amahce/stock.adobe.com; forafontova/stock.adobe.com; PCH.Vector/stock.adobe.com; Good Studio/stock.adobe.com; Julia Me/stock.adobe.com; Levente Janos/stock.adobe.com; HHO/stock.adobe.com, Tartila/stock.adobe.com; xxstudio/stock.adobe.com, misaku/stock.adobe.com, Hanna Syvak/stock.adobe.com; Shutterstock.com.

Cover: Barbara Fuchs

Projektmanagement: Sarah Schindler

Layout: Doris Wohofsky, Dipl. Grafikdesignerin

Satz: Konstantin Wohofsky I wohofsky.net

Gesamtherstellung: Drukarnia Dimograf Sp. z o.o., Bielsko Biała

Clevere Lifehacks für den Familien-Urlaub
GTIN 978-3-8485-0343-8
© 2025 Groh Verlag. Ein Imprint der Verlagsgruppe
Droemer Knaur GmbH & Co. KG, München
www.groh.de